AF222002

Impressum
Verlag: BABADADA GmbH, Nedderfeld 112 , 22529 Hamburg
Geschäftsführer / Verlagsleitung: Harald Hof
Druck: Books on Demand GmbH, In de Tarpen 42, 22848 Norderstedt

Imprint
Publisher: BABADADA GmbH, Nedderfeld 112 , 22529 Hamburg, Germany
Managing Director / Publishing direction: Harald Hof
Print: Books on Demand GmbH, In de Tarpen 42, 22848 Norderstedt

sekolah
škola

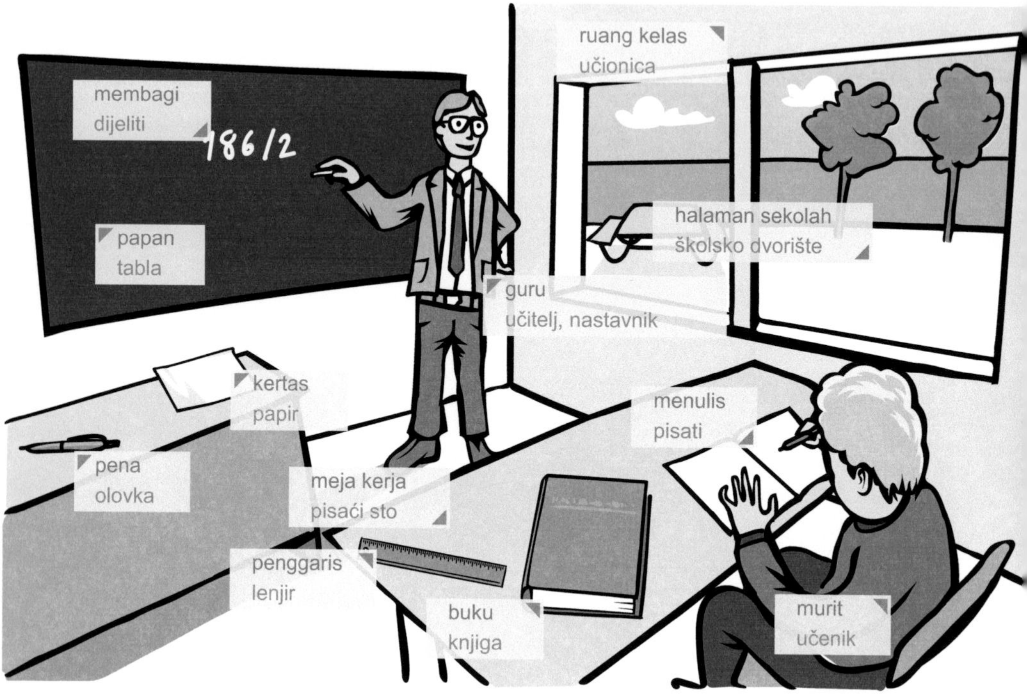

membagi
dijeliti
186/2
papan
tabla
ruang kelas
učionica
halaman sekolah
školsko dvorište
guru
učitelj, nastavnik
kertas
papir
menulis
pisati
pena
olovka
meja kerja
pisaći sto
penggaris
lenjir
buku
knjiga
murit
učenik

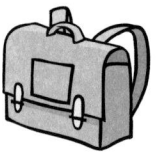

tas sekolah

torba

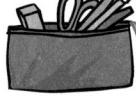

tempat pensil

pernica

pensil

drvena olovka

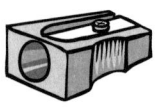

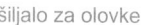

pengasah pensil

šiljalo za olovke

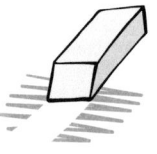

penghapus

gumica

kertas gambar

blok za crtanje

gambar

crtež

kuas

kist

kotak cat

kutija s bojama

gunting

makaze

lem

ljepilo

buku latihan

vježbanka

pekerjaan rumah

domaća zadaća

angka

broj

tambhakan

sabirati

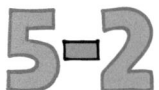

mengurangi

oduzimati

mengalikan

množiti

menghitung

računati

huruf

slovo

alfabet

abeceda

kata

riječ

sekolah - škola

teks

tekst

membaca

čitati

kapur

kreda

pelajaran

sat

daftar

školski dnevnik

ujian

ispit

sertifikat

svjedočanstvo

seragam sekolah

školska uniforma

pendidikan

izobrazba

ensiklopedi

leksikon

universitas

univerzitet

mikroskop

mikroskop

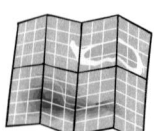

peta

karta

tempat sampah

korpa za papir

perjalanan
putovanje

hotel
hotel
Grand
hostel
hostel
ROOMS
EXCHANGE
kantor pertukaran mata uang
mjenjačnica
koper
kofer
mobil
auto

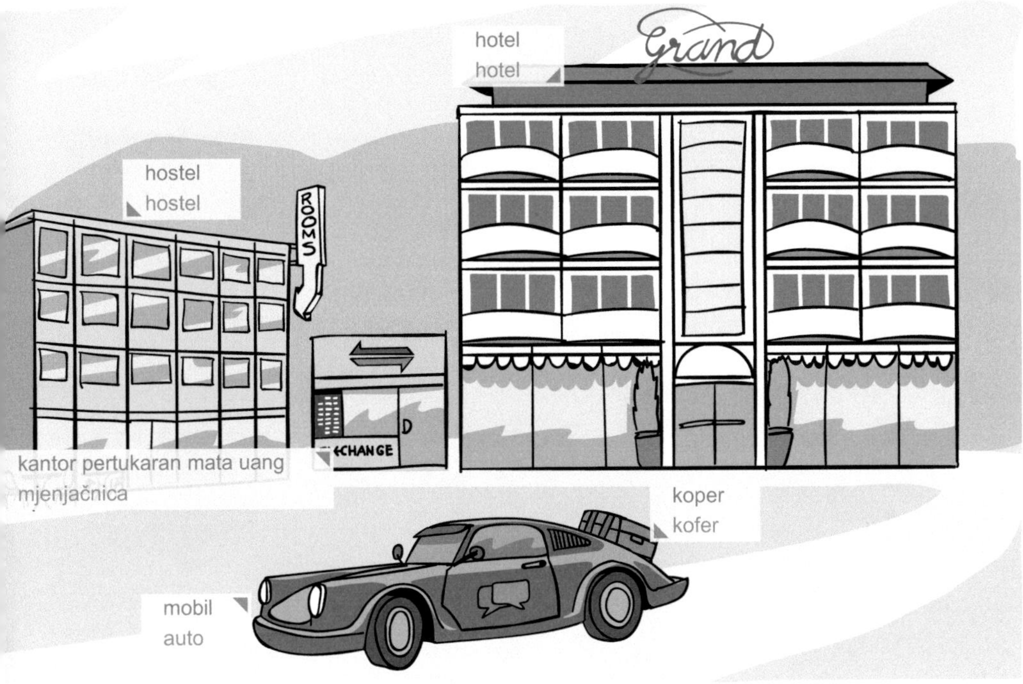

bahasa

jezik

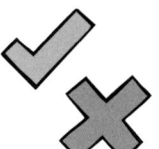

ya / tidak

da / ne

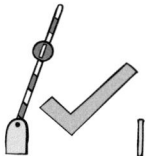

okay

okej

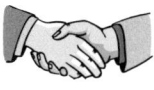

hallo

zdravo

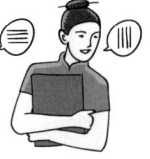

penerjemah

tumač

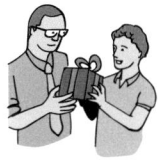

terima kasih

hvala

Berapa harganya…?

Koliko košta...?

saya tidak mengerti

Ne razumijem

masalah

problem

Selamat malam!

dobro veče!

Selamat siang!

Dobro jutro!

Selamat tidur!

Laku noć!

sampai jumpa

doviđenja

arah

smjer

bagasi

prtljag

tas

torba

ransel

ruksak

tamu

gost

ruang

soba

kantong tidur

vreća za spavanje

tenda

šator

informasi wisata

turističke informacije

pantai

plaža

kartu kredit

kreditna kartica

sarapan

doručak

makan siang

ručak

makan malam

večera

tiket

putna karta

elevator

lift

perangko

poštanska markica

perbatasan

granica

cukai

carina

kedutaan

ambasada

visa

viza

paspor

pasoš

transportasi
transport

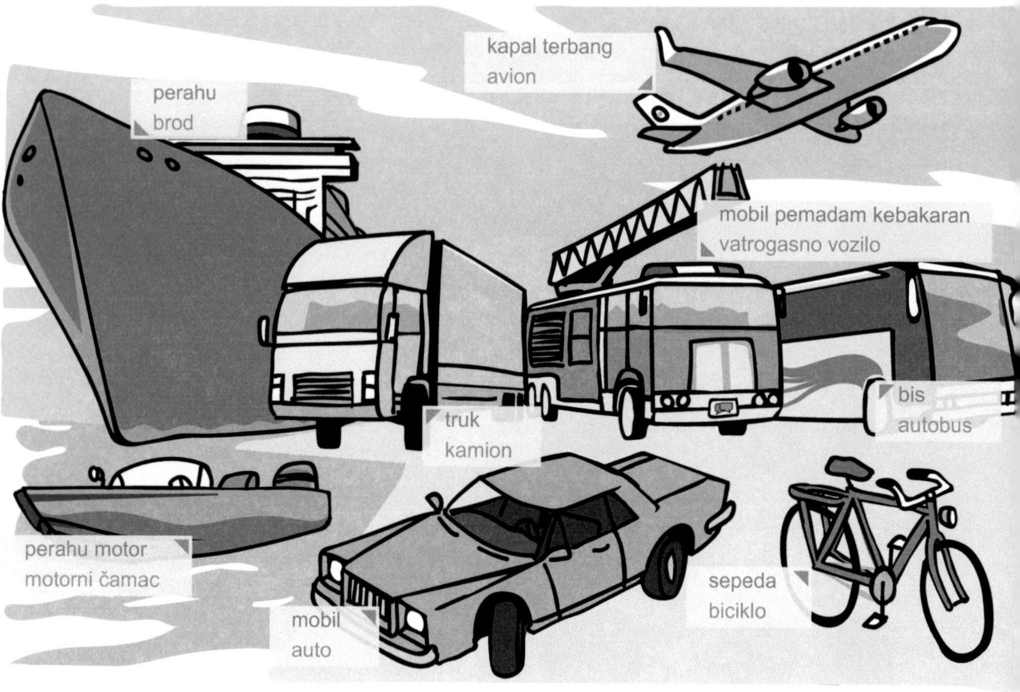

kapal terbang
avion
perahu
brod
mobil pemadam kebakaran
vatrogasno vozilo
truk
kamion
bis
autobus
perahu motor
motorni čamac
sepeda
biciklo
mobil
auto

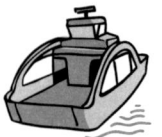

feri

trajekt

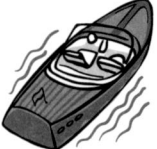

perahu

brod

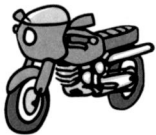

sepeda motor

motocikl

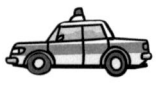

mobil polisi

policijski automobil

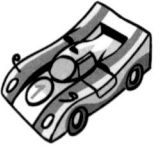

mobil balapan

trkaći automobil

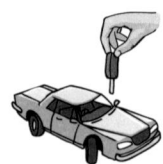

mobil sewa

unajmljeni automobil

berbagi mobil

kar-šering

truk derek

pauk

truk sampah

smećarsko vozilo

motor

motor

bahan bakar

gorivo

bensin

benzinska pumpa

tanda lalulintas

saobraćajni znak

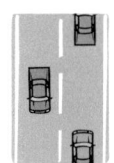

lalulintas

saobraćaj

macet

zastoj

parkir mobil

parking

stasiun kereta

željeznička stanica

trek

šine

kereta api

voz

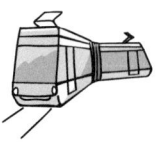

tram

tramvaj

gerobak

vagon

helikopter
helikopter

bendara
aerodrom

menara
toranj

penumpang
putnik

container
kontejner

karton
karton

troli
tačke

keranjang
korpa

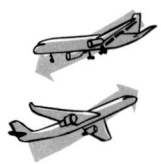

berangkat / mendarat
poletjeti / sletjeti

kota
grad

desa
selo

pusat kota
centar grada

rumah
kuća

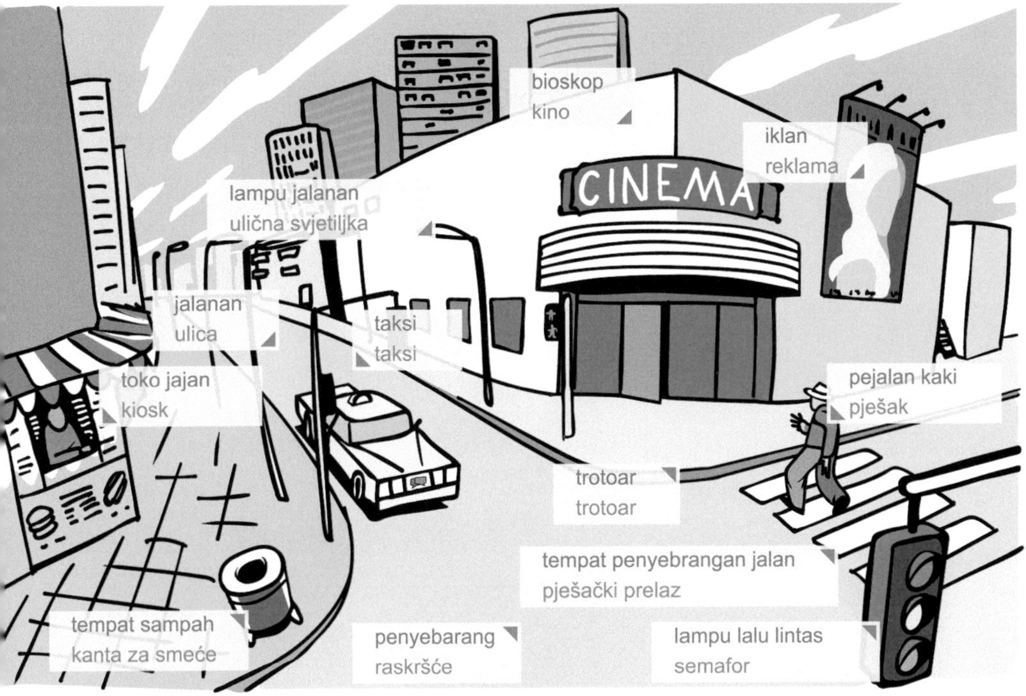

bioskop
kino

iklan
reklama

lampu jalanan
ulična svjetiljka

jalanan
ulica

taksi
taksi

toko jajan
kiosk

pejalan kaki
pješak

trotoar
trotoar

tempat penyebrangan jalan
pješački prelaz

tempat sampah
kanta za smeće

penyebarang
raskršće

lampu lalu lintas
semafor

gubuk
koliba

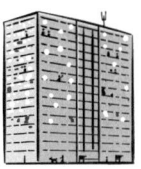

rumah flat
stan

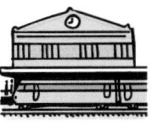

stasiun kereta
željeznička stanica

balai kota
vjećnica

museum
muzej

sekolah
škola

kota - grad

universitas

univerzitet

bank

banka

rumah sakit

bolnica

hotel

hotel

farmasi

apoteka

kantor

ured

toko buku

knjižara

toko

radnja

toko bunga

cvjećara

supermarket

supermarket

pasar

pijaca

toko serba ada

robna kuća

nelayan

prodavač ribe

pusat belanja

trgovački centar

pelabuhan

luka

taman

park

banku

klupa

jembatan

most

tangga

stepenice

kereta bawah tanah

podzemna željeznica

terowongan

tunel

pemberhantian bis

autobuska stanica

bar

bar

restauran

restoran

kotak surat

poštanski sandučić

tanda jalan

saobraćajni znak

meteran parkir

sat za naplatu parkinga

kebun binatang

zoološki vrt

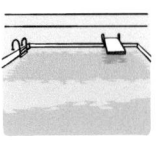

kolam renang

bazen

mesjid

džamija

pertanian

seosko imanje

polusi

zagađenje okoline

kuburan

groblje

gereja

crkva

tempat bermain

igralište

pura

hram

pemandangan
krajolik

daun
list

penunjuk arah
putokaz

jalanan
putokaz

padang rumput
livada

batu
kamen

pejalak kaki
putnik

pohon
drvo

sungai
rijeka

rumput
trava

bunga
cvijet

lembah
dolina

bukit
brdo

danau
jezero

hutan
šuma

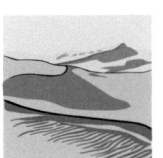

padang gurun
pustinja

gunung berapi
vulkan

istana
dvorac

pelangi
duga

jamur
gljiva

pohon palem
palma

nyamuk
komarac

lalat
muha

semut
mrav

lebah
pčela

laba-laba
pauk

kumbang

buba

kodok

žaba

tupai

vjeverica

landak

jež

kelinci

zec

burung hantu

sova

burung

ptica

angsa

labud

babi jantan

divlja svinja

rusa

jelen

rusa

los

bendungan

brana

turbin angin

vjetrenjača

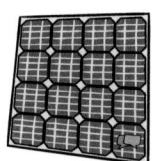

panel surya

solarni modul

iklim

klima

restauran
restoran

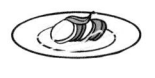

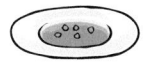

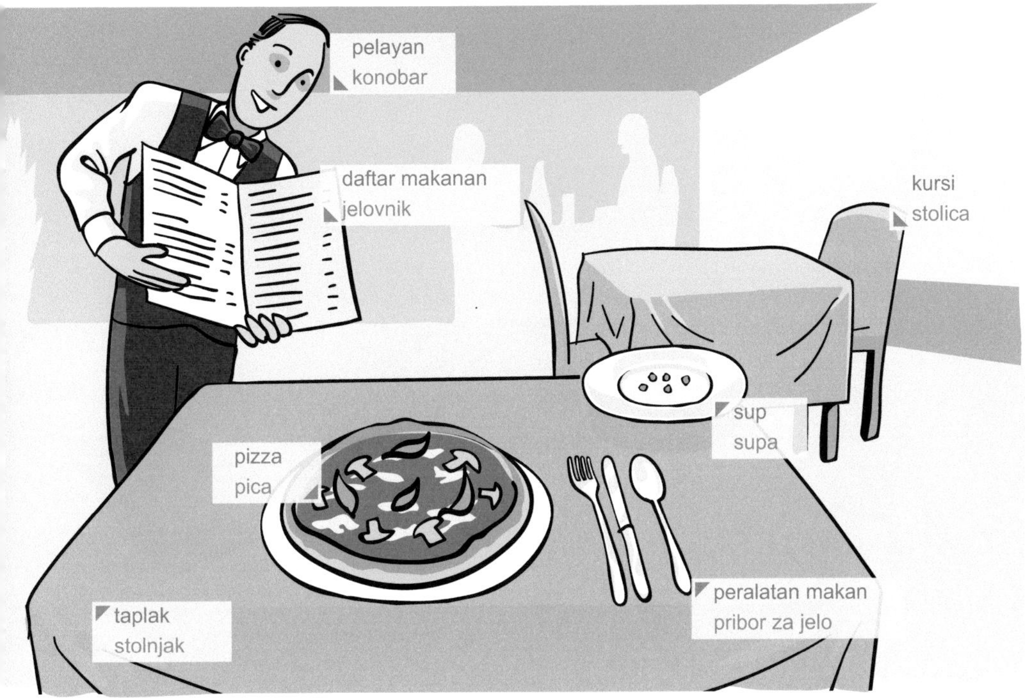

pelayan
konobar
daftar makanan
jelovnik
kursi
stolica
sup
supa
pizza
pica
taplak
stolnjak
peralatan makan
pribor za jelo

hindangan pembuka

predjelo

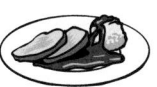

hidangan utama

glavno jelo

hidangan penutup

desert

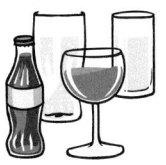

minuman

piće

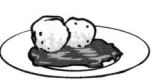

makanan

jelo

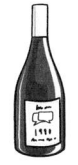

botol

flaša

fastfood

brza hrana

masakan jalanan

jelo sa ulice

teko teh

čajnik

kaleng gula

šećernica

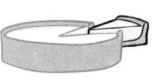

porsi

porcija

mesin espresso

mašina za espreso

kursi tinggi

barska stolica

tagihan

račun

baki

tacna

pisau

nož

garpu

viljuška

sendok

kašika

sendok teh

kašičica

serbet

salveta

gelas

čaša

18   restauran - restoran

piring

tanjir

piring sup

tanjir za supu

lepek

tanjurić

saus

sos

tempat garam

solanik

gilingan merica

mlin za biber

cuka

sirće

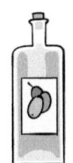

minyak

ulje

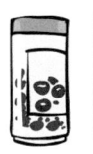

bumbu

začini

saus tomat

kečap

mustar

senf

mayones

majoneza

supermarket

supermarket

penawaran khusus
ponuda
FOR
klien
klijent
produk susu
mliječni proizvodi
buah
voće
troli
kolica za kupovinu

BUTCHERS

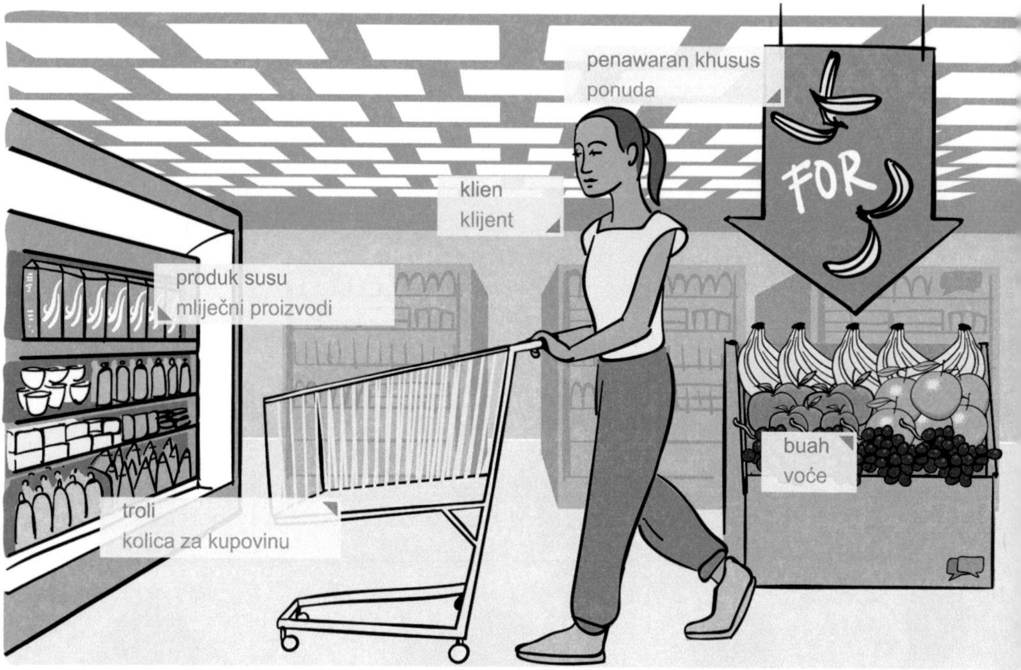

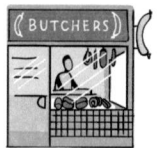

pembantai

mesnica- klaonica

BAKERY

toko roti

pekara

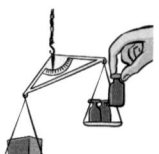

menimbang

vagati

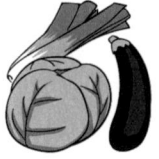

sayur

povrće

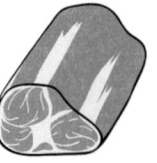

daging

meso

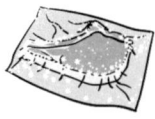

makanan beku

zaleđena hrana

pemotongan dingin

narezak

makanan kaleng

konzerve

sabun serbuk

prašak za veš

permen

slatkiši

alat-alat rumah tangga

kućanski proizvodi

obat pembersihan

sredstvo za čišćenje

penjual

prodavačica

kasa

kasa

kasir

blagajnik

daftar belanja

lista za kupovinu

jam buka

radno vrijeme

dompet

novčanik

kartu kredit

kreditna kartica

tas

torba

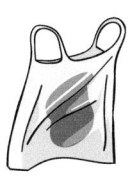

kantong plastik

najlonska vrećica

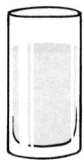

air
voda

jus
sok

susu
mlijeko

cola
kola

anggur
vino

bir
pivo

alkohol
alkohol

coklat
kakao

teh
čaj

kopi
kafa

espresso
espreso

cappucino
kapućino

pisang

banana

apel

jabuka

jeruk

narandža

semangka

lubenica

jeruk lemon

limun

wortel

mrkva

bawang putih

bijeli luk

bambu

bambus

bawang bombai

crveni luk

jamur

gljiva

kacang

orašasti plodovi

mi

pasta

spagetti

špagete

nasi

riža

salat

salata

kentang goreng

pomfrit

kentang goreng

pečeni krompir

pizza

pica

hamburger

hamburger

sandwich

sendvič

sayatan

šnicla

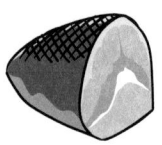

ham

šunka

salami

kobasica

sosis

kobasica

ayam

kokoš

menggoreng

pečenje

ikan

riba

bubur gandum

zobene pahuljice

sereal

muzli

cornflakes

kornfleks

tepung

brašno

croissant

kroason

roti

zemičke

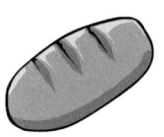

roti

kruh

toast

tost

biskuit

keksi

mentega

maslac

dadih

svježi sir

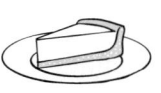

kue

kolač

telur

jaje

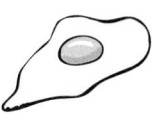

telur goreng

jaje na oko

keju

sir

eskrim

sladoled

gula

šećer

madu

med

selai

marmelada

krim nugat

nugat krema

kare

kuri

makanan - jelo

pertanian
seosko imanje

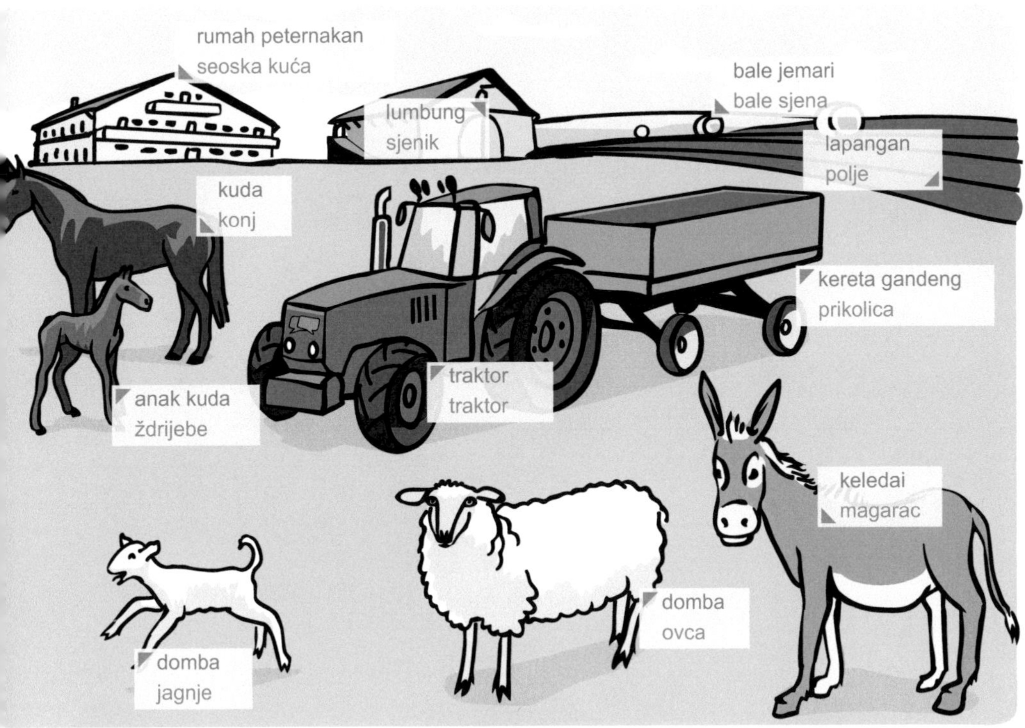
rumah peternakan
seoska kuća
lumbung
sjenik
bale jemari
bale sjena
lapangan
polje
kuda
konj
kereta gandeng
prikolica
traktor
traktor
anak kuda
ždrijebe
keledai
magarac
domba
ovca
domba
jagnje

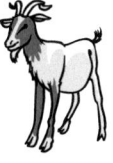

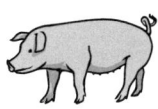

kambing

koza

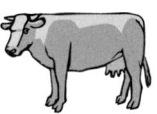

sapi

krava

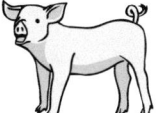

betis

tele

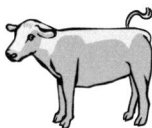

babi

svinja

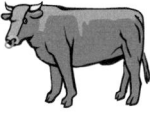

celeng

prase

banteng

bik

angsa

guska

bebek

patka

anak ayam

pile

ayam

kokoška

ayam jantan

pjetao

tikus

pacov

kucing

mačka

tikus

miš

lembu

vol

anjing

pas

rumah anjing

pseća kućica

selang

crijevo za baštu

penyiram

kanta za zalijevanje

sabit

kosa

bajak

plug

pertanian - seosko imanje

sabit

srp

cangkul

motika

garpu rumput

vile

kapak

sjekira

gerobak

tačke

palung

korito

kaleng susu

bokal za mlijeko

karung

vreća

pagar

ograda

kandang

štala

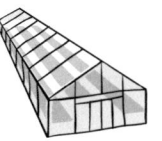

rumah kaca

staklenik

tanah

tlo

benih

sjeme

pupuk

đubrivo

mesin pemanen

kombajn

panen

kositi

panen

žetva

yams

jam korijen

gandum

pšenica

kedelai

soja

kentang

krompir

jagung

kukuruz

lobak

uljana repica

pohon buah

drvo voća

singkong

manioka

sereal

žito

rumah
kuća

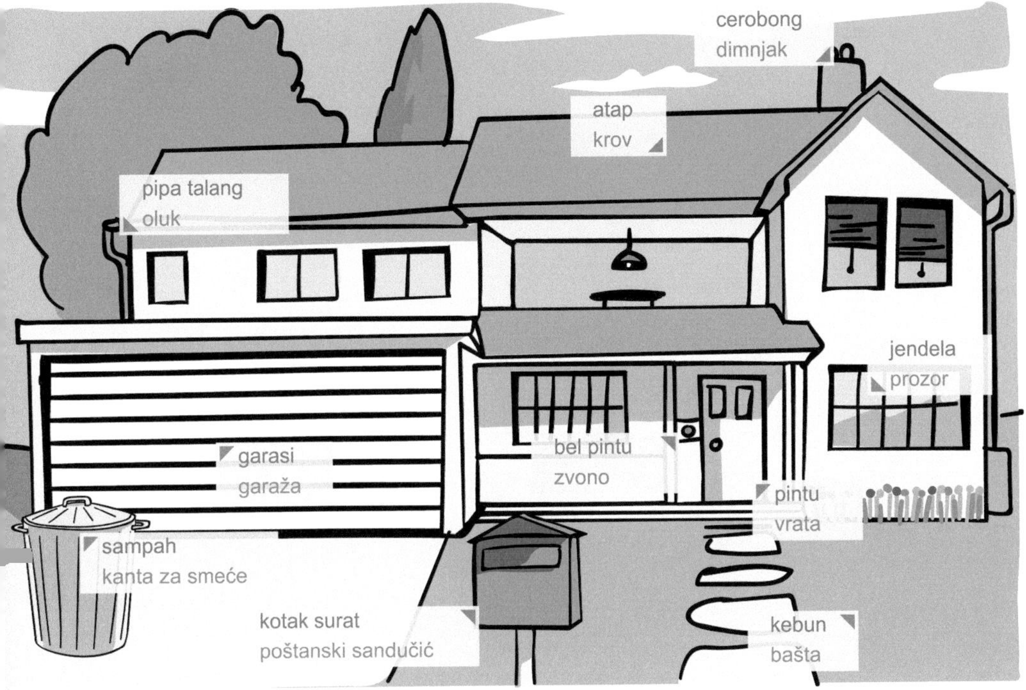
cerobong
dimnjak
atap
krov
pipa talang
oluk
jendela
prozor
garasi
garaža
bel pintu
zvono
pintu
vrata
sampah
kanta za smeće
kotak surat
poštanski sandučić
kebun
bašta

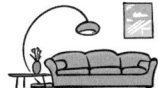

ruang tamu

dnevni boravak

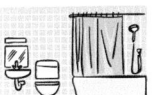

kamar mandi

kupatilo

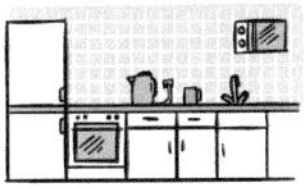

dapur

kuhinja

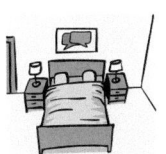

kamar tidur

spavaća soba

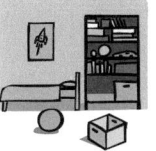

kamar anak

dječija soba

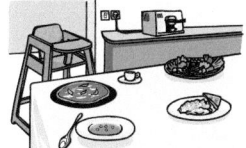

kamar makan

trpezarija

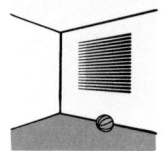

lantai

pod, tlo

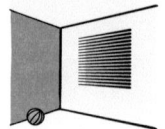

tembok

zid

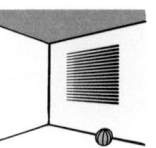

atap

plafon

gudang di bawah tanah

podrum

sauna

sauna

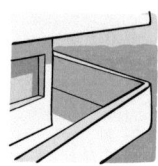

balkon

balkon

teras

terasa

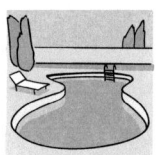

kolam renang

bazen

mesin pemotong rumput

kosilica

sprei

posteljina

selimut

pokrivač

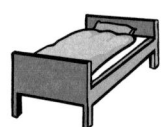

tempat tidur

krevet

sapu

metla

ember

kanta

tombol

prekidač

ruang tamu
dnevni boravak

kertas dinding
tapeta
gambar
fotografija
lampu
lampa
rak
polica
kabinet
ormar
televisi
televizija
perapian
dimnjak
bunga
cvijet
bantal
jastuk
sofa
kauč
vas
vaza
remote control
daljinski upravljač

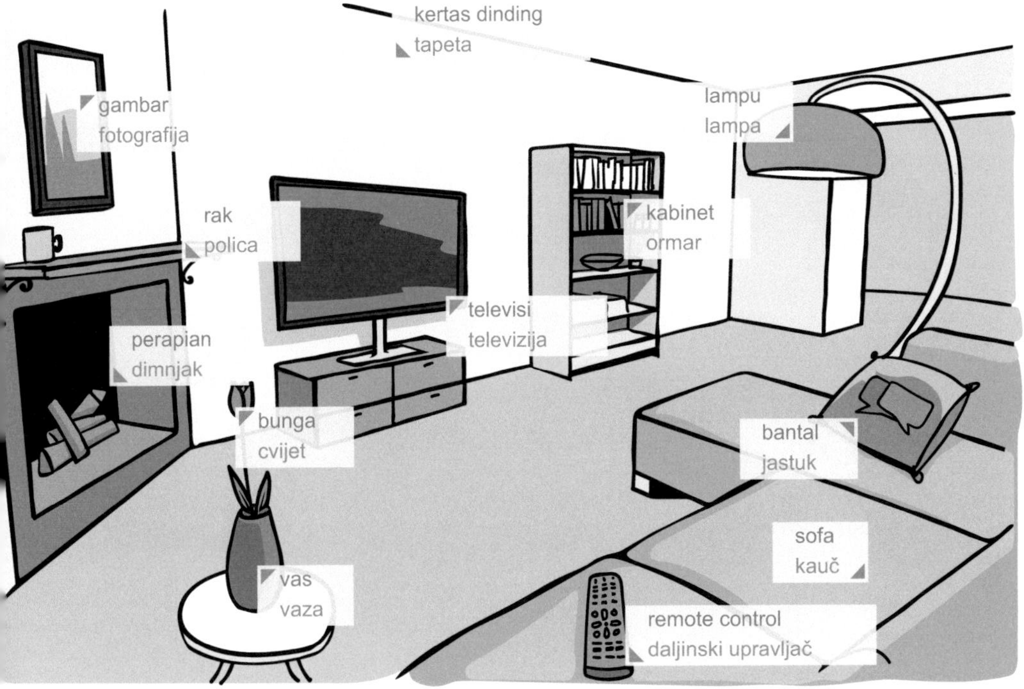

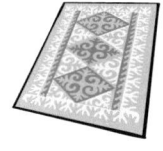

karpet

tepih

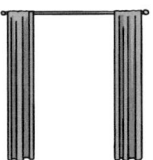

korden

zavjesa

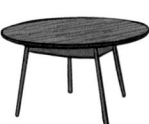

meja

stol

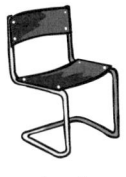

kursi

stolica

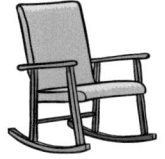

kursi goyang

stolica za ljuljanje

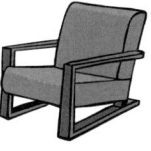

kursi malas

fotelja

buku

knjiga

selimut

deka

dekorasi

dekoracija

kayu bakar

ložno drvo

filem

film

hi-fi

stereo uređaj

kunci

ključ

koran

novine

lukisan

umjetnička slika

poster

poster

radio

radio

buku tulis

blok za bilješke

penyedot debu

usisavač

kaktus

kaktus

lilin

svijeća

dapur
kuhinja

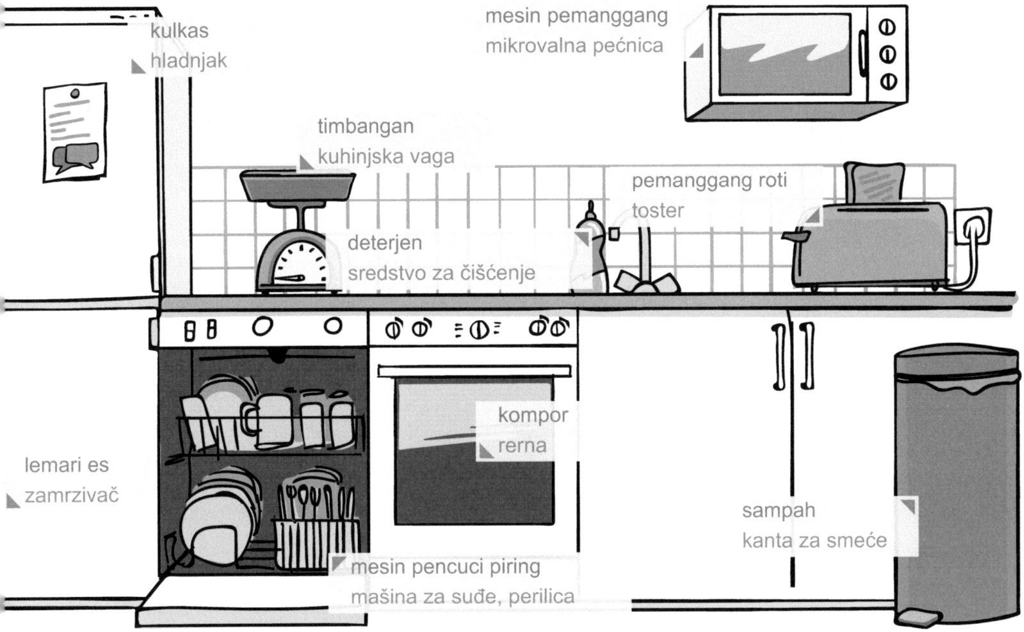
kulkas
hladnjak
mesin pemanggang
mikrovalna pećnica
timbangan
kuhinjska vaga
pemanggang roti
toster
deterjen
sredstvo za čišćenje
kompor
rerna
lemari es
zamrzivač
sampah
kanta za smeće
mesin pencuci piring
mašina za suđe, perilica

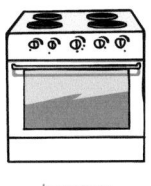

kompor
peć

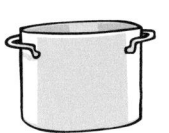

panci
lonac

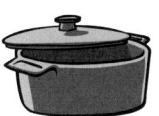

panci besi
metalni lonac

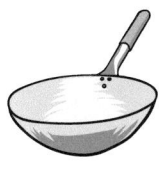

wajan
vok / kadai

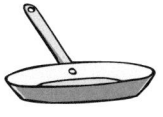

panci
tava, tiganj

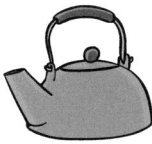

pemanas air
kuhalo

panci pengukus makanan

aparat za kuhanje na pari

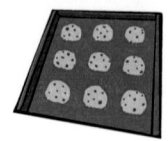

nampan

lim za pečenje

piring

posuđe

cangkir

šalica

mangkok

činija

sumpit

kineski štapići

sendok sup

kutlača

sudip

lopatica

mengocok

metlica za snijeg bjelanjca

saringan

sito za kuhanje

saringan

sito

parutan

ribež

mortir

avan s tučkom

barbeque

roštilj

api terbuka

ložište

papan memotong

daska

gilingan

oklagija

alat pembuka botol

vadičep

kaleng

konzerva

pembuka kaleng

otvarač za konzerve

pegangan panci

krpe za lonac

wastafel

sudoper

sikat

četka

busa

spužva

mesin pencampur

mikser

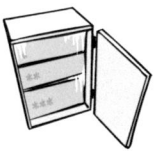

lemari es

zamrzivač

botol bayi

flašica za bebu

keran

slavina

kamar mandi
kupatilo

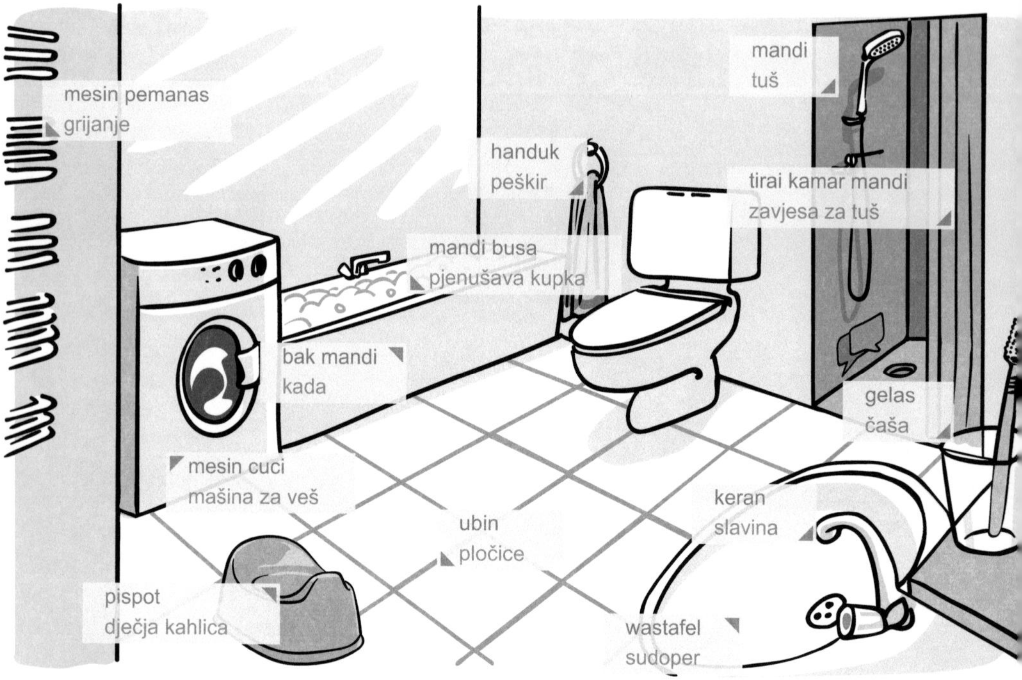
mesin pemanas
grijanje
mandi
tuš
handuk
peškir
tirai kamar mandi
zavjesa za tuš
mandi busa
pjenušava kupka
bak mandi
kada
gelas
čaša
mesin cuci
mašina za veš
keran
slavina
ubin
pločice
pispot
dječja kahlica
wastafel
sudoper

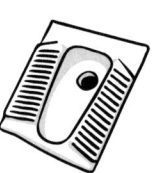

toilet

toalet

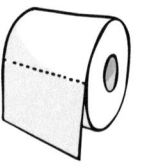

toilet jongkok

čučavac

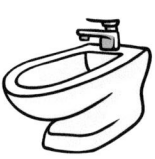

bidet

bide

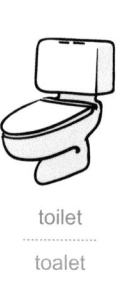

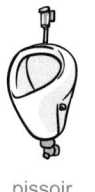

pissoir

pisoar

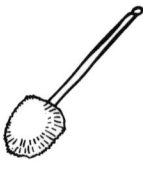

kertas toilet

toalet papir

sikat toilet

četka za wc

sikat gigi

četkica za zube

pasta gigi

pasta za zube

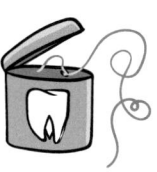

benang gigi

zubni konac

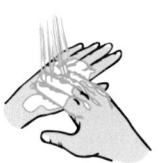

menyuci

prati

pancuran tangan

tuš

pancuran

intimni tuš

bak

lavor

sikat punggung

četka za leđa

sabun

sapun

gel mandi

gel za tuširanje

sampo

šampon

planel

krpe za pranje

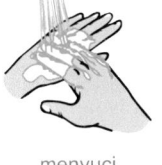

kuras

odvod

krim

krema

deodoran

dezodorans

kaca

ogledalo

cermin tangan

ogledalo za šminkanje

pisau cukur

brijač

busa cukur

pjena za brijanje

aftershave

vodica poslije brijanja

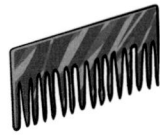

sisir

češalj

sikat

četka

alat pengering rambut

fen

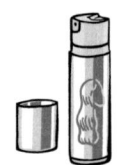

semprot rambut

sprej za kosu

makeup

puder

lipstik

karmin

cat kuku

lak za nokte

kapas

vata

gunting kuku

makazice za nokte

minyak wangi

parfem

kantong pencuci

kozmetička torbica

bangku

hoklica

timbangan

vaga

mantel mandi

kupaći ogrtač

sarung tangan karet

rukavice za čišćenje

tampon

tampon

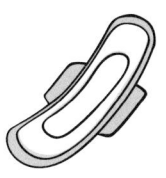

handuk pembalut

uložak za dame

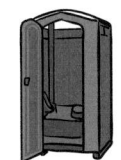

toilet kimia

hemijski toalet

kamar anak
dječija soba

jam alarm
budilnik
boneka tidur
plišana igračka
mobil-mobilan
auto za igru
kelintung
zvečka
rumah boneka
kućica za lutke
kado
poklon

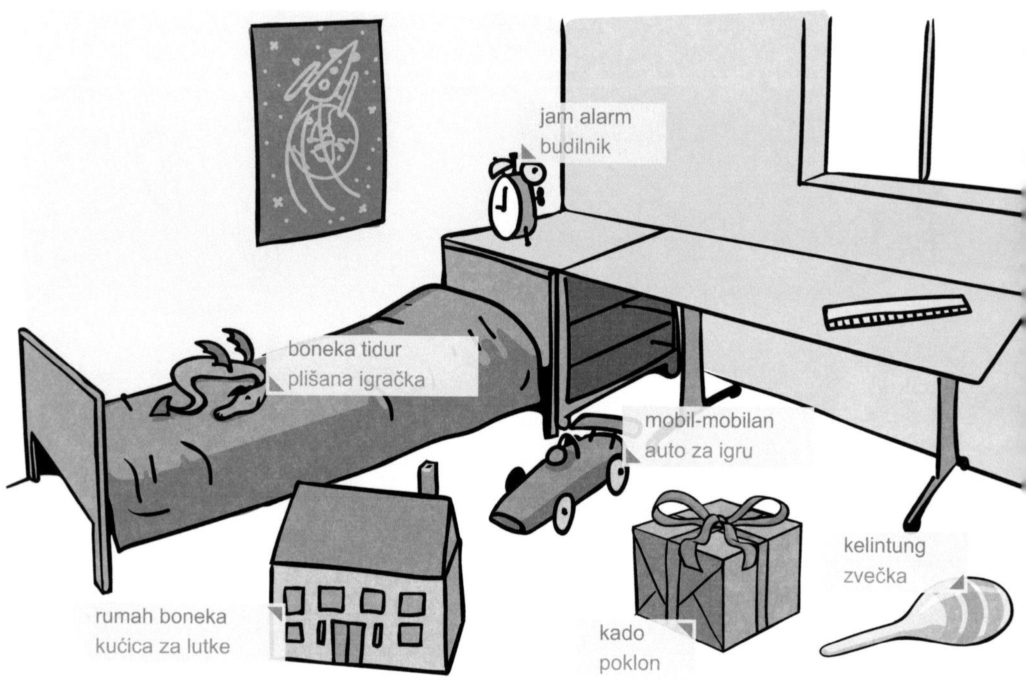

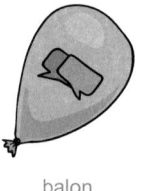

balon

balon

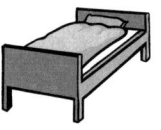

tempat tidur

krevet

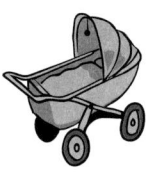

kereta bayi

kolica za djecu

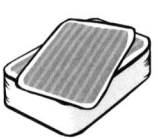

mainan kartu

karte za igranje

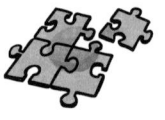

teka-teki

puzle

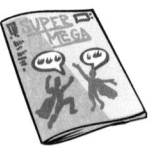

komik

strip

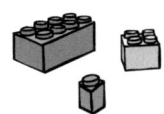

mainan lego

lego kockice

blok mainan

kockice za gradnju

figur aksi

akcione figure

baju monyet

benkica

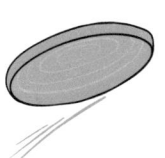

frisbee

frizbi

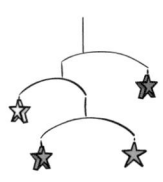

mobile

mobile

permainan papan

igra na ploči

dadu

kocka

set model kreta api

miniatura željeznice

dot

cucla

pesta

zabava

buku gambar

slikovnica

bola

lopta

boneka

lutka

bermain

igrati

tempat main pasir

pješćanik

ayunan

ljuljačka

mainan

igračke

video game konsol

konzola za igru

sepeda roda tiga

triciklo

teddy

medvjedić

lemari pakaian

ormar

pakaian

odjeća

kaos kaki

kratke čarape

kaos kaki

čarape

baju ketat

hulahopke

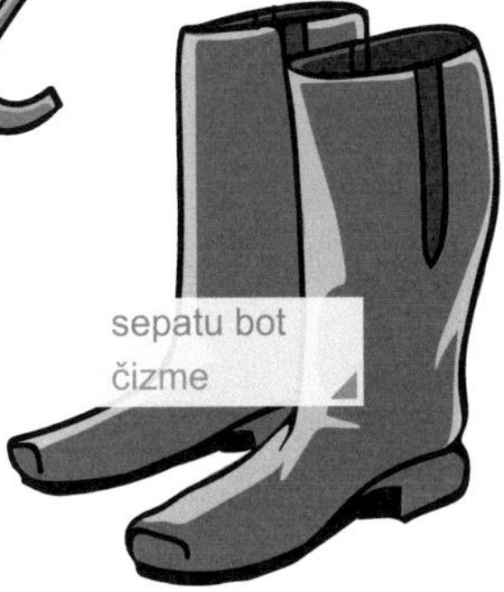

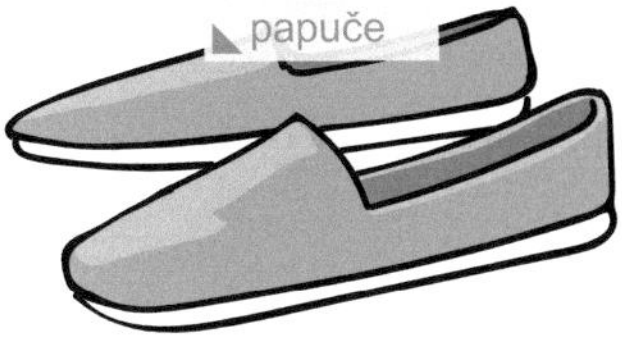

syal
šal

payung
kišobran

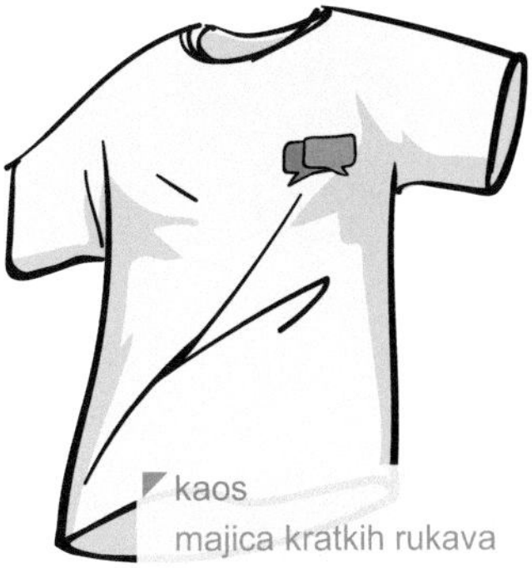

kaos
majica kratkih rukava

sabuk
kaiš

sepatu bot
čizme

sandal
papuče

sepatu
patike

sandal
....
sandale

sepatu
....
cipele

sepatu bot karet
....
gumene čizme

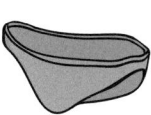

celana dalam
....
gaće

BH
....
grudnjak

baju rompi
....
potkošulja

body

bodi

celana

hlače

jeans

farmerke

rok

suknja

blus

bluza

kemeja

košulja

aket berkerudung

džemper

sweater

majica

jaket

sako

jaket

jakna

mantel

mantil

jas hujan

kišni mantil

kostum

kostim

gaun

haljina

gaun pengantin

vjenčanica

setelan resmi

odijelo

gaun tidur

spavaćica

piyama

pidžama

sari

sari

jilbab

marama

turban

turban

burka

burka

kaftan

kaftan

abaya

abaja

pakaian renang

kupaći kostim

celana renang

kupaće gaće

celana pendek

kratke hlače

olah raga

trenerka

celemek

pregača

sarung tangan

rukavice

kancing

dugme

kacamata

naočare

gelang

narukvica

kalung

ogrlica

cincin

prsten

anting

naušnica

topi

kapa

gantungan mantel

vješalica

topi

šešir

dasi

kravata

ritsleting

patentni zatvarač

helm

kaciga

tali selempang

tregeri za hlače

seragam sekolah

školska uniforma

seragam

uniforma

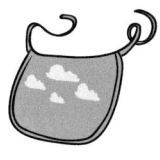

oto

podbradak

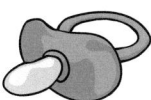

dot

cucla

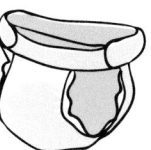

popok

pelene

kantor

ured

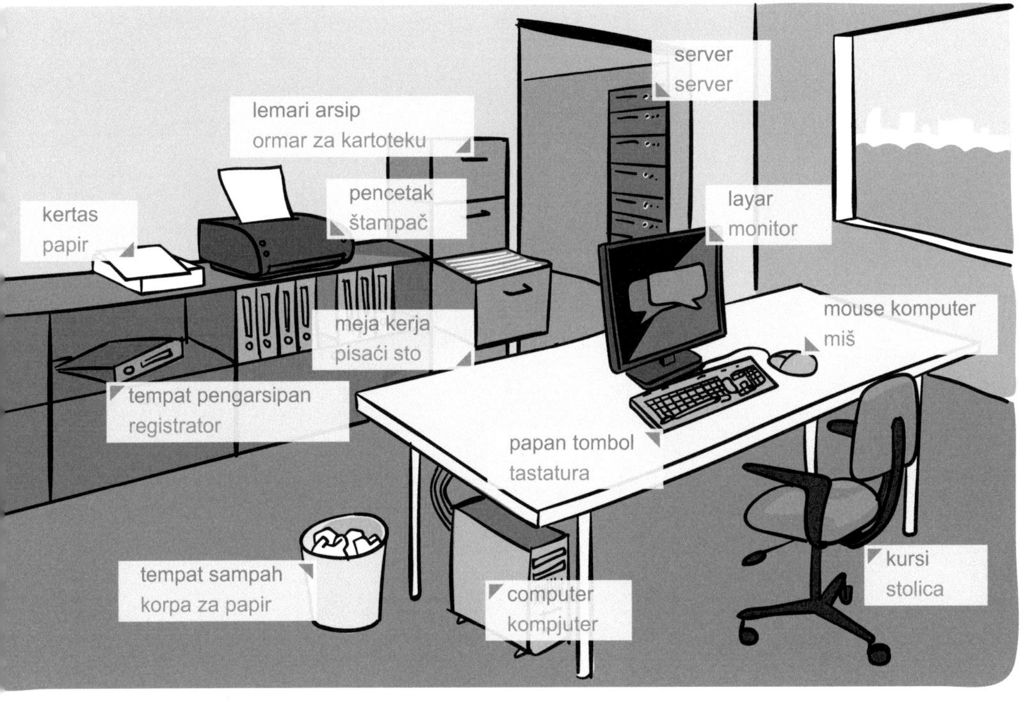

server
server
lemari arsip
ormar za kartoteku
pencetak
štampač
kertas
papir
layar
monitor
mouse komputer
miš
meja kerja
pisaći sto
tempat pengarsipan
registrator
papan tombol
tastatura
tempat sampah
korpa za papir
computer
kompjuter
kursi
stolica

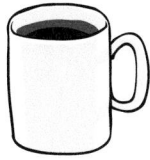

cangkir kopi

šolja za kafu

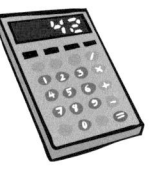

kalkulator

kalkulator

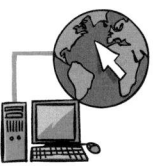

internet

internet

laptop

laptop

surat

pismo

pesan

poruka

telepon seluler

mobilni telefon

jaringan

mreža

fotokopi

aparat za kopiranje

software

softver

telepon

telefon

plug soket

utičnica

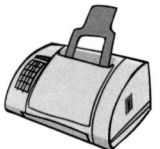

mesin fax

faks

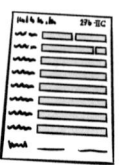

formulir

formular

dokumen

dokument

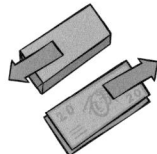

membeli

kupovati

membayar

platiti

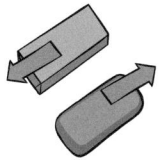

berdagang

trgovati

uang

novac

Dollar

dolar

Euro

euro

Yen

jen

Rubel

rublja

Franc Swiss

franak

Renminbi Yuan

renminbi jen

Rupiah

rupi

ATM

bankomat

kantor pertukaran mata uang

mjenjačnica

emas

zlato

perak

srebro

minyak

nafta

energi

energija

harga

cijena

kontrak

ugovor

pajak

porez

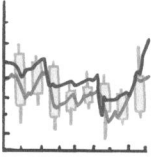

saham

akcija

bekerja

raditi

karyawan

službenik

majikan

poslodavac

pabrik

fabrika

toko

radnja

pekerjaan
zanimanja

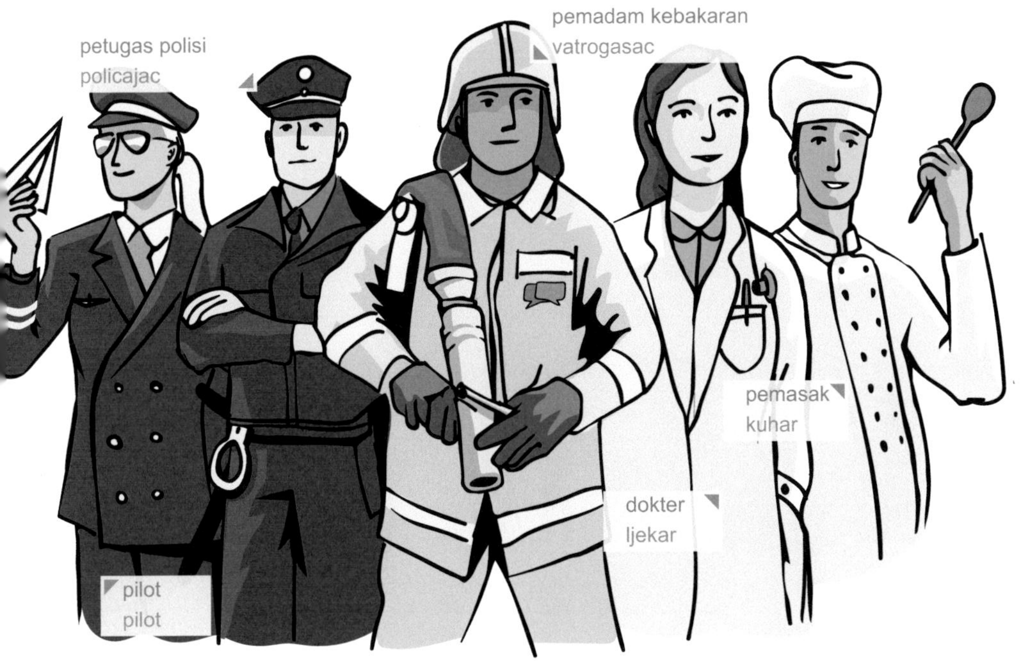
pemadam kebakaran
vatrogasac
petugas polisi
policajac
pemasak
kuhar
dokter
ljekar
pilot
pilot

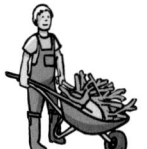

tukan kebun

baštovan

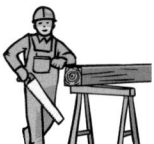

tukang kayu

stolar

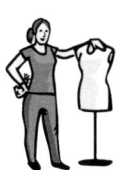

penjahit wanita

krojačica

hakim

sudija

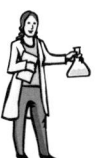

ahli kimia

hemičar

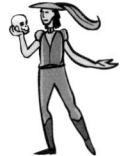

aktor

glumac

sopir bis

vozač autobusa

sopir taksi

vozač taksija

nelayan

ribar

pembantu

čistačica

tukang atap

krovopokrivač

pelayan

konobar

pemburu

lovac

pelukis

moler

tukang roti

pekar

tukang listrik

električar

pembangun

građevinski radnik

insinyur

inženjer

tukang daging

koljač

tukang ledeng

limar, vodoinstalater

tukang pos

poštar

tentara
vojnik

arsitek
arhitekta

kasir
blagajnik

penjual bunga
cvjećar

penata rambut
frizer

konduktor
kontrolor

montir
mehaničar

kapten
kapiten

dokter gigi
zubar

ilmuwan
naučnik

rabbi
rabin

imam
imam

biarawan
monah

pendeta
sveštenik

palu
čekić

tang
kliješta

obeng
izvijač

kunci
vijčani ključ

obor
džepna lampa

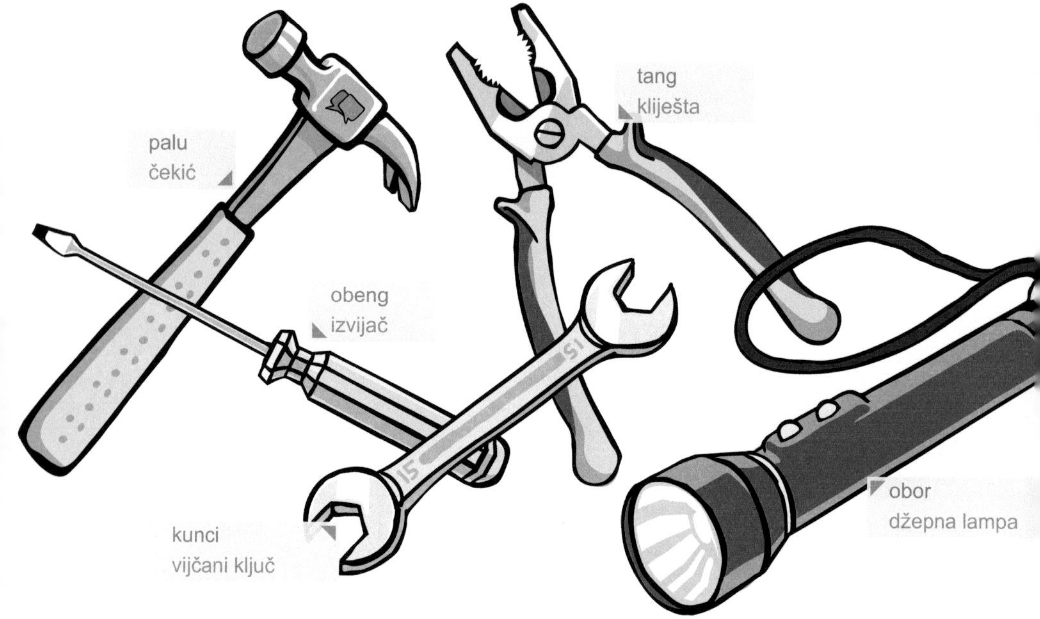

penggali

bager

tas perkakas

kutija sa alatom

tangga

ljestve

gergaji

testera, pila

paku

ekser

bor

bušilica

alat - alat

perbaikan

popraviti

sekop

lopata

Sialan!

sranje!

cikrak

lopatica

pot cat

kanta boje

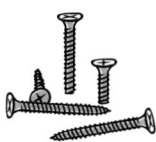

sekrup

vijak

alat musik
muzički instrumenti

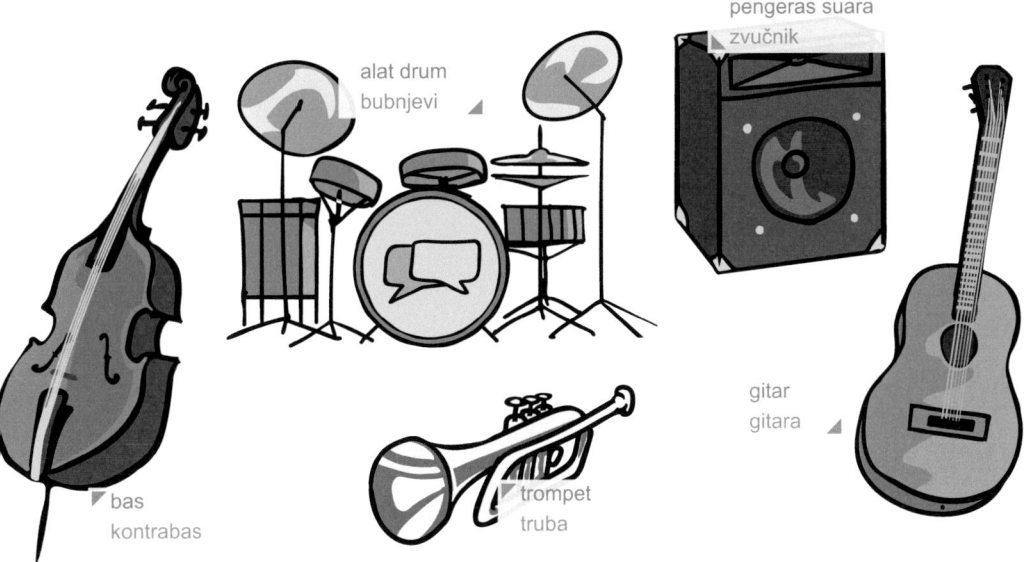

pengeras suara
zvučnik

alat drum
bubnjevi

gitar
gitara

bas
kontrabas

trompet
truba

piano

klavir

violin

violina

bass

bas

tambur

bubanj timpani

drum

bubanj

keyboard

sintisajzer

saksofon

saksofon

suling

flauta

mikrofon

mikrofon

alat musik - muzički instrumenti

kebun binatang
zološki vrt

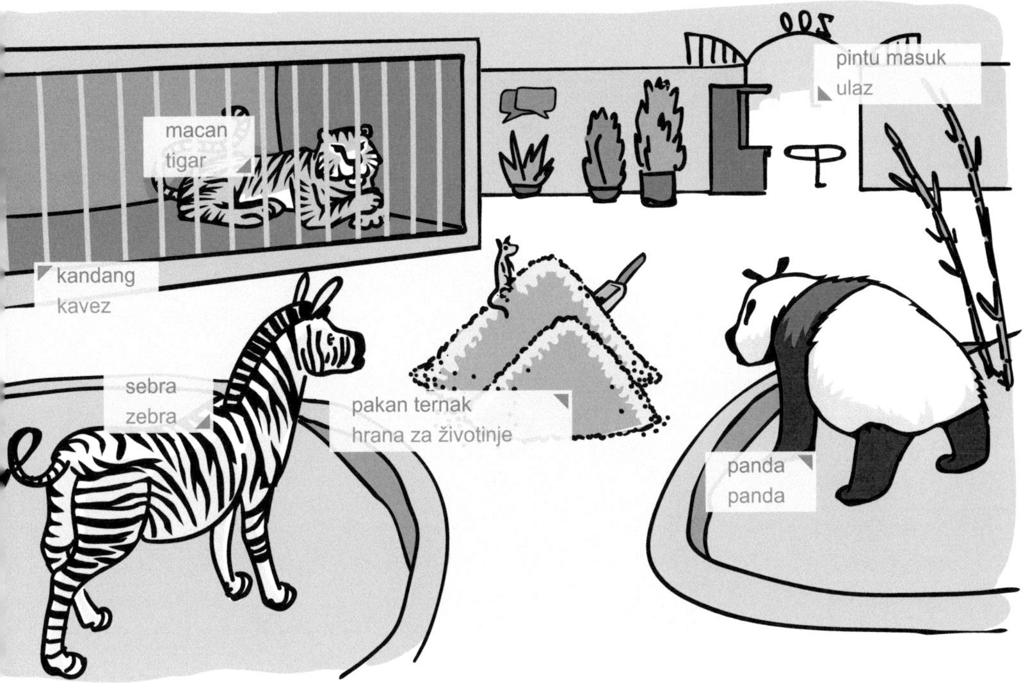

pintu masuk
ulaz
macan
tigar
kandang
kavez
sebra
zebra
pakan ternak
hrana za životinje
panda
panda

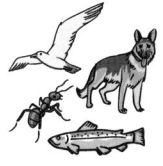

hewan

životinje

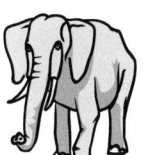

gajah

slon

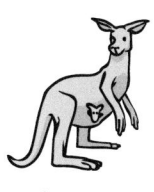

kanguru

kengur

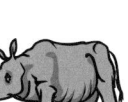

badak

nosorog

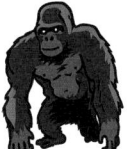

gorila

gorila

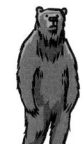

beruang

medvjed

unta

kamila

burung unta

noj

singa

lav

monyet

majmun

flamingo

flamingo

burung beo

papagaj

beruang polar

polarni medvjed

penguin

pingvin

hiu

morski pas

merak

paun

ular

zmija

buaya

krokodil

penjaga kebun binatang

čuvar u zološkom vrtu

segel

tuljan

jaguar

jaguar

kuda poni

poni

macan tutul

leopard

kuda nil

nilski konj

jerapah

žirafa

burung elang

orao

babi jantan

divlja svinja

ikan

riba

kura-kura

kornjača

anjing laut

morž

rubah

lisica

kijang

gazela

olahraga
sport

american football
američki fudbal

naik sepeda
vožnja bicikla

tennis
tenis

basketbal
košarka

bernang
plivanje

tinju
boks

hoki es
hokej na ledu

sepak bola
fudbal

badminton
bedminton

atletik
laka atletika

bola tangan
rukomet

main ski
skijanje

polo
polo

meloncat
skakati

memeluk
zagrliti

ketawa
smijati se

berjalan
ići

menyanyi
pjevati

mengimpi
sanjati

berdoa
moliti

mencium
ljubiti

menulis

pisati

melukis

crtati

menunjuk

pokazati

mendorong

gurati

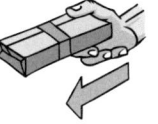

memberikan

dati

mengambil

uzeti

mempunyai

imati

melakukan

raditi

adalah

biti

berdiri

stajati

berlari

trčati

menarik

vući

melempar

baciti

jatuh

pasti

tidur

ležati

menunggu

čekati

membawa

nositi

duduk

sjediti

berpakaian

obući

tidur

spavati

bangun

probuditi

melihat

pogledati

menangis

plakati

mengelus

milovati

menyisir

češljati

berbicara

govoriti

mengerti

razumjeti

menanyak

pitati

mendengar

slušati

minum

piti

makan

jesti

merapikan

pospremiti

cinta

voljeti

memasak

kuhati

menyetir

voziti

terbang

letjeti

berlayar

jedriti

menghitung

računati

membaca

čitati

belajar

učiti

bekerja

raditi

menikah

vjenčavti

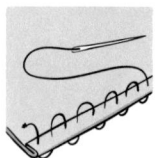

menjahit

šiti

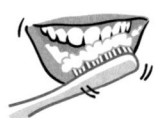

sikat gigi

prati zube

membunuh

ubiti

merokok

pušiti

kirim

slati

66   aktivitas - aktivnosti

keluarga
porodica

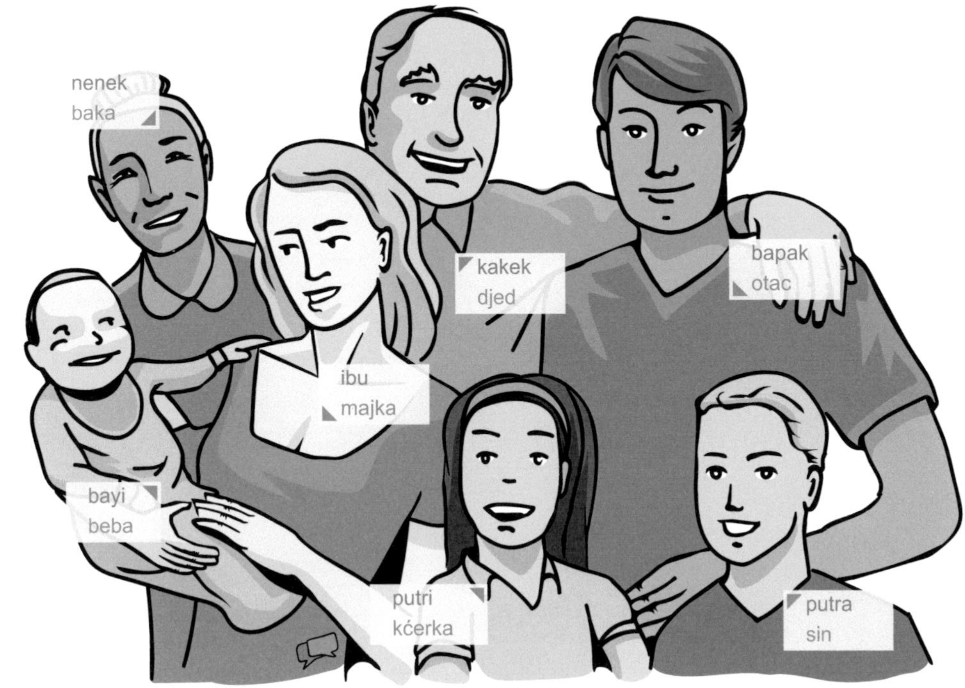

nenek
baka
kakek
djed
bapak
otac
ibu
majka
bayi
beba
putri
kćerka
putra
sin

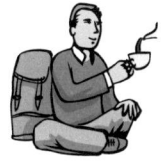

tamu
gost

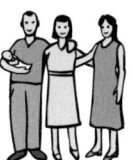

bibi
ujna, tetka, strina

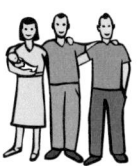

paman
ujak, tetak, stric

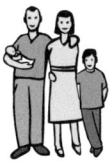

kakak laki
brat

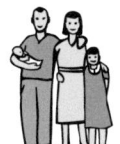

kakak perempuan
sestra

badan

tijelo

dahi
čelo
mata
oko
bahu
leđa
jari
prst
muka
lice
dagu
brada
tangan
ruka, šaka
payudara
grudi
kaki
noga
lengan
ruka

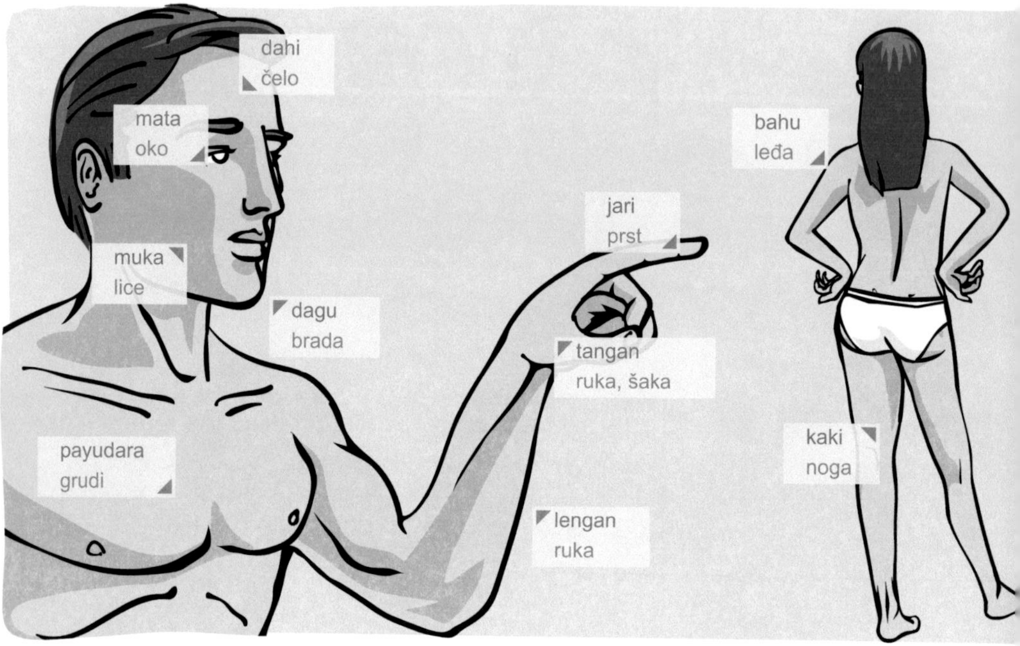

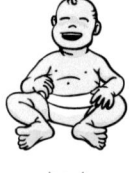

bayi

beba

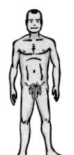

pria

muškarac

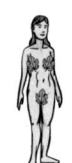

wanita

žena

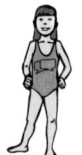

perempuan

djevojčica

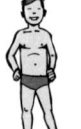

laki

dječak

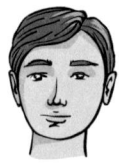

kepala

glava

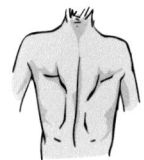

punggung

leđa

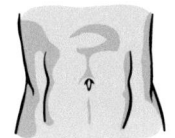

perut

stomak

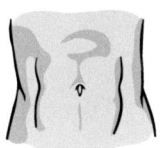

pusar

pupak

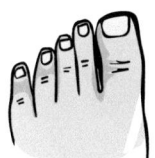

toe

nožni prst

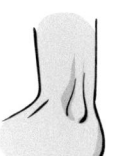

tumit

peta

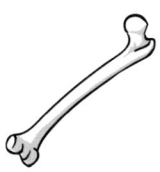

tulang

kosti

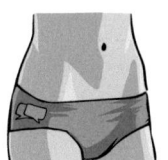

pinggang

kuk

lutut

koljeno

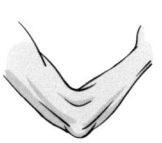

siku

lakat

hidung

nos

pantat

stražnjica

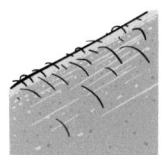

kulit

koža

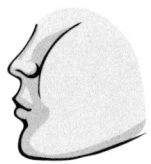

pipi

obraz

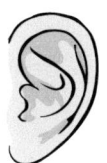

telinga

uho

bibir

usna

mulut
usta

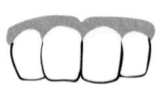

gigi
zub

lidah
jezik

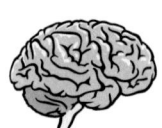

otak
mozak

jantung
srce

otot
mišić

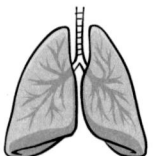

paru-paru
pluća

hati
jetra

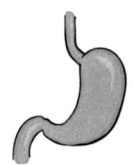

stomach
želudac

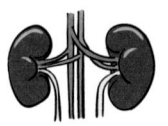

ginjal
bubreg

hubungan seks
spolni odnos

kondom
kondom

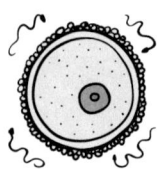

sel telur
jajna ćelija

sperma
sperma

kehamilan
trudnoća

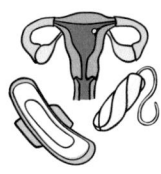

menstruasi

menstruacija

vagina

vagina

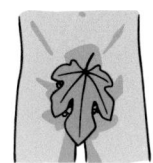

penis

penis

alis

obrva

rambut

kosa

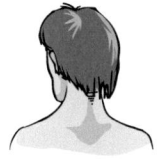

leher

vrat

rumah sakit
bolnica

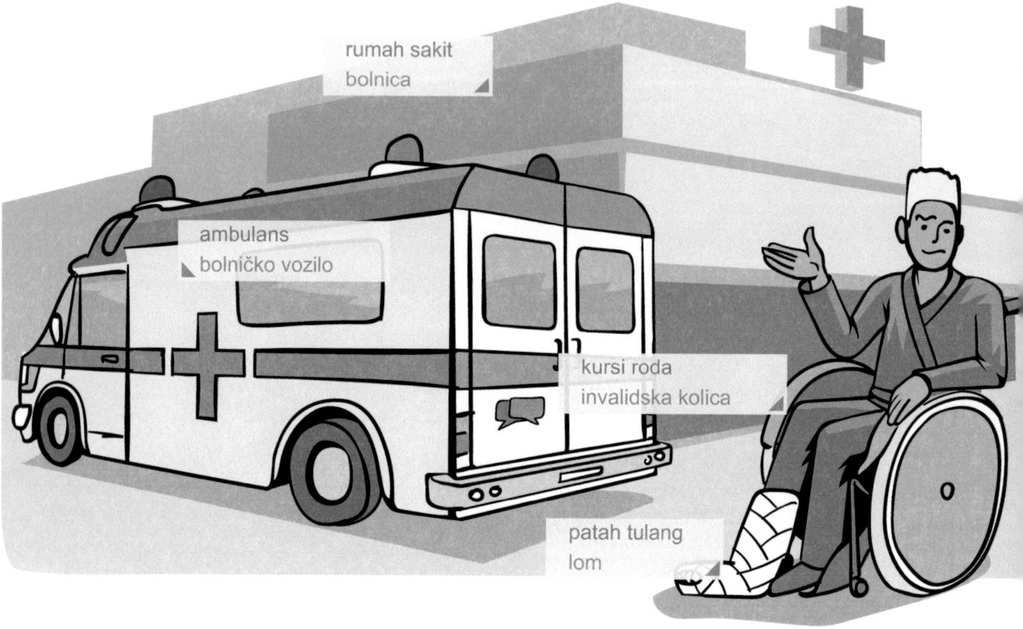

rumah sakit
bolnica
ambulans
bolničko vozilo
kursi roda
invalidska kolica
patah tulang
lom

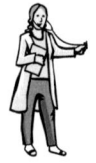

dokter

ljekar

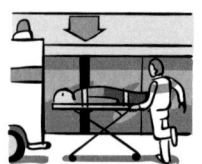

ruang darurat

hitna služba

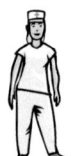

perawat

medicinska sestra

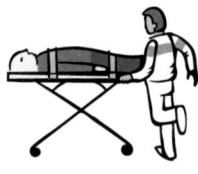

darurat

hitna pomoć

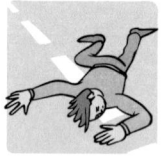

semaput

nesvjest

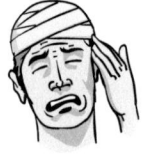

sakit

bol

cedera

povreda

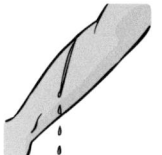

perdarahan

krvarenje

serangan jantung

srčani udar, infarkt

stroke

moždani udar

alergi

alergija

batuk

kašalj

demam

groznica

flu

gripa

diare

proljev

sakit kepala

glavobolja

kanker

rak

diabetes

dijabetes

ahli bedah

hirurg

pisau bedah

skalpel

operasi

operacija

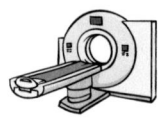

CT

CT

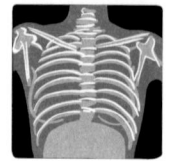

sinar x

rendgen

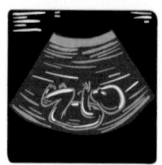

usg

ultrazvuk

topeng

maska

penyakit

bolest

ruang tunggu

čekaonica

penyokong

štake

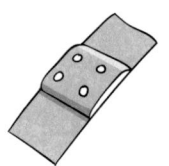

plester

flaster

perban

zavoj

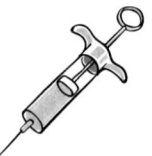

injeksi

injekcija

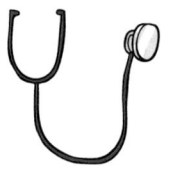

stetoskop

stetoskop

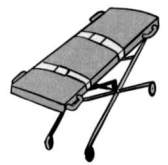

usungan

nosilo

termometer klinis

termometar

kelahiran

porod

kelebihan berat badan

prekomjerna težina, debljina

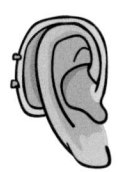

alat pendengar

slušni aparat

desinfektan

sredstvo za dezinfekciju

infeksi

infekcija

virus

virus

HIV / AIDS

HIV/ AIDS

obat

medicina

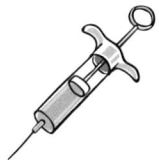

vaksinasi

vakcinacija

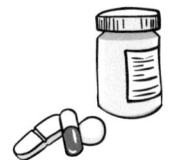

tablet

tablete

pil

pilula

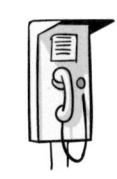

panggilan darurat

hitni poziv

ukur tekanan darah

aparat za mjerenje pritiska

sakit / sehat

bolestan / zdrav

Tolong!

Upomoć!

alarm

alarm

penyerbuan

napad, prepad

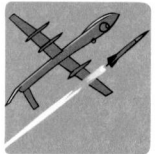

serangan

napad

bahaya

opasnost

pintu darurat

izlaz u slučaju opasnosti

Api!

Požar!

alat pemadam kebakaran

vatrogasni aparat

kecelakaan

nezgoda

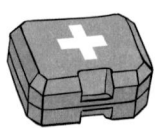

kit pertolongan pertama

torba prve pomoći

SOS

SOS

polisi

policija

Eropa

Europa

Amerika Utara

Sjeverna Amerika

Amerika Selatan

Južna Amerika

Afrika

Afrika

Asia

Azija

Australi

Australija

Atlantik

Atlantik

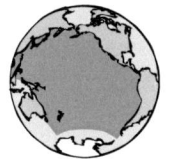

Pasifik

Pacifik

Samudra India

Indijski okean

Samudra Antartika

Antarktički okean

Samudra Arktik

Arktički okean

kutub utara

Sjeverni pol

kutub selatan

Južni pol

Antarktika

Antarktik

bumi

Zemlja

tanah

zemlja

laut

more

pulau

ostrvo

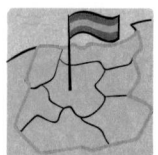

bangsa

nacija

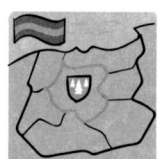

negara

država

jam wajah

brojčanik sata

jarum pendek

kazaljka sata

jarum menit

kazaljka minute

jarum detik

kazaljka sekunde

Jam berapa?

Koliko je sati?

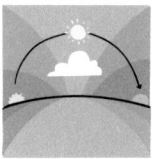

hari

dan

waktu

vrijeme

sekarang

sada

jam digital

digitalni sat

menit

minuta

jam

sat

minggu
sedmica, nedjelja

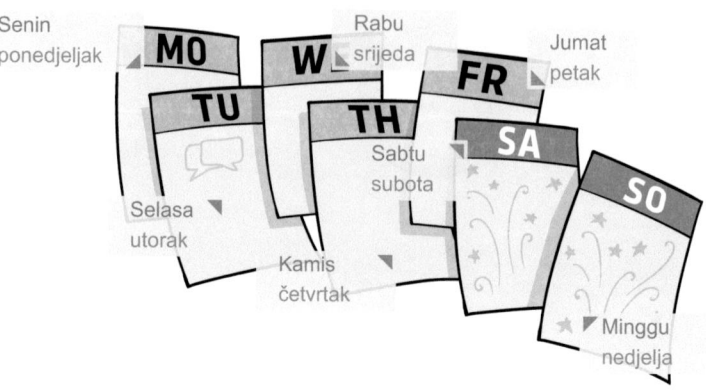

Senin
ponedjeljak

Rabu
srijeda

Jumat
petak

Selasa
utorak

Sabtu
subota

Kamis
četvrtak

Minggu
nedjelja

kemaren

juče

hari ini

danas

besok

sutra

pagi

jutro

siang

podne

malam

veče

hari kerja

radni dani

akhir minggu

vikend

hujan
kiša

pelangi
duga

salju
snijeg

angin
vjetar

musim semi
proljeće

musim gugur
jesen

musim panas
ljeto

musim dingin
zima

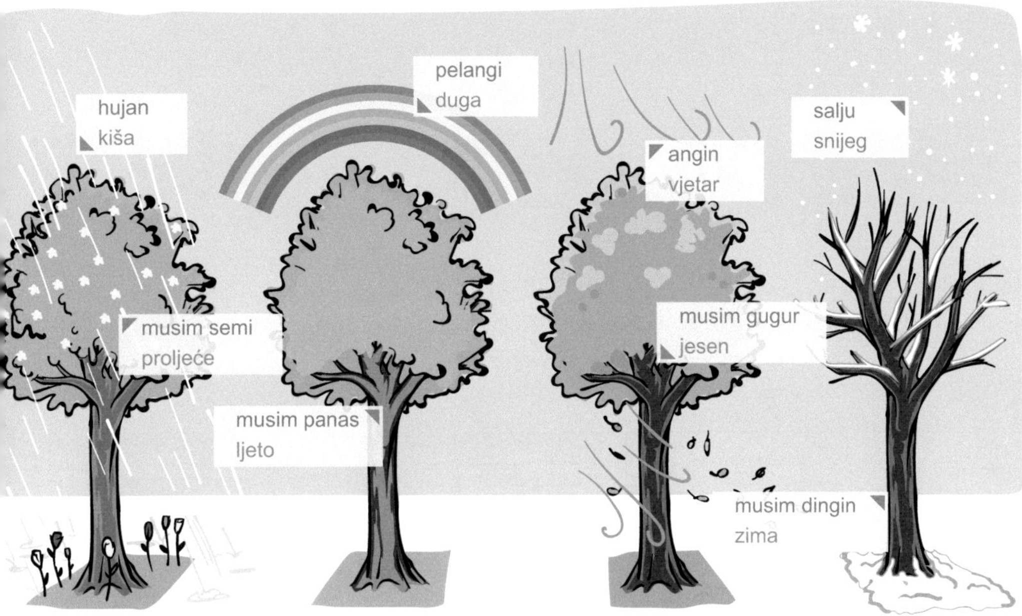

ramalan cuaca

prognoza vremena

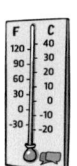

termometer

termometar

matahari

sunčev sjaj

awan

oblak

kabut

magla

kelembahan

vlažnost vazduha

kilat

munja

guntur

grom

badai

oluja

hujan es

tuča, led

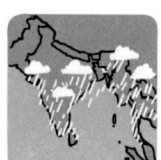

monsun

monsun

banjir

poplava

es

led

Januari

januar

Februari

februar

Maret

mart

April

april

Mei

maj

Juni

juni

Juli

juli

Agustus

avgust

tahun - godina

September
septembar

Oktober
oktobar

November
novembar

Desember
decembar

bentuk
oblici

lingkaran
krug

persegi
kvadrat

persegi panjang
pravougao

segi tiga
trougao

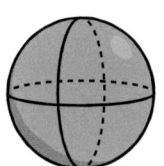

bola
kugla

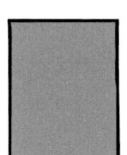
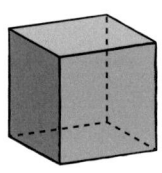

kubus
kocka

putih
bjel

kuning
žut

oranye
narandžast

pink
pink

merah
crven

ungu
ljubičast

biru
plav

hijau
zelen

coklat
smeđ

abu-abu
siv

hitam
crn

banyak / sedikit

malo / mnogo

marah / tenang

ljutit / miran

cantik / jelek

lijep / ružan

mulaih / selesai

početak / kraj

besar / kecil

veliki / mali

terang / gelap

svijetlo / tamno

saudara laki-laki / saudara perempuan

brat / sestra

bersih / kotor

čist / prljav

lengkap / tidak lengkap

potpun / nepotpun

hari / malam

dan / noć

mati / hidup

mrtav / živ

luas / sempit

široko / usko

dapat dimakan / tidak dapat dimakan

ukusno / neukusno

jahat / baik

zao / prijatan

bersemangat / bosan

uzbuđen / dosadan

gemuk / kurus

debeo / mršav

pertama / terakhir

najprije / najkasnije

teman / musuh

prijatelj / neprijatelj

penuh / kosong

pun / prazan

keras / lembut

trvd / mekan

berat / enteng

težak / lagan

lapar / haus

glad / žeđ

sakit / sehat

bolestan / zdrav

ilegal / legal

ilegalan / legalan

cerdas / bodoh

inteligentan / glup

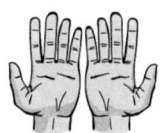

kiri / kanan

lijevo / desno

dekat / jauh

blizu / daleko

baru / bekas

nov / polovan

tidak ada apapun / sesuatu

ništa / nešto

tua / muda

star / mlad

nyala / mati

uključeno / isključeno

buka / tutup

otvoreno / zatvoreno

tenang / keras

tiho / glasno

kaya / miskin

bogat / siromašan

benar / salah

tačno / pogrešno

kasar / halus

hrapav / glatak

sedih / gembira

tužan / srećan

pendek / panjang

kratak / dug

pelan-pelan / cepat

spor / brz

basah / kering

mokro / suho

hangat / sejuk

toplo / hladno

perang / damai

rat / mir

0

nol

nula

1

satu

jedan

2

dua

dva

3

tiga

tri

4

empat

četiri

5

lima

pet

6

enam

šest

7

tujuh

sedam

8

delapan

osam

9

sembilan

devet

10

sepuluh

deset

11

sebelas

jedanaest

12

duabelas

dvanaest

13

tigabelas

trinaest

14

empatbelas

četrnaest

15

limabelas

petnaest

16

enambelas

šesnaest

17

tujuhbelas

sedamnaest

18

delapanbelas

osamnaest

19

sembilanbelas

devetnaest

20

duapuluh

dvadeset

100

seratus

sto

1.000

seribu

hiljada

1.000.000

juta

milion

Inggris

engleski

bahasa Inggris Amerika

američki engleski

bahasa Cina Mandarin

kinesko mandarinski

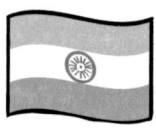

bahasa Hindi

hindi

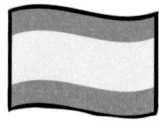

bahasa Spanyol

španski

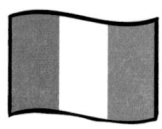

bahasa Perancis

francuski

bahasa Arab

arapski

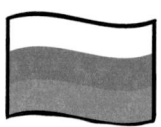

bahasa Rusia

ruski

bahasa Portugis

portugalski

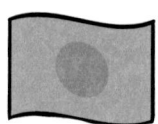

bahasa Bengal

bengalski

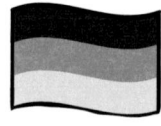

bahasa Jerman

njemački

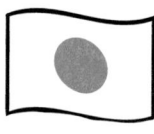

bahasa Jepang

japanski

saya

ja

kamu

ti

dia

on / ona / ono

kita

mi

kalian

vi

mereka

oni

siapa?

ko?

apa?

šta?

begaimana?

kako?

dimana?

gdje?

kapan?

kada?

nama

ime

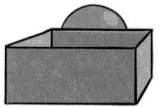

dibelakang
iza

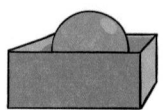

di
u

didepan
pred

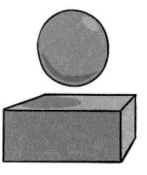

diatas
iznad

diatas
na

dibawah
ispod

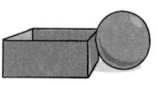

sebelah
pored

di antara
između

tempat
mjesto